꽃이 진다고 너를 어찌 잊으랴

QR코드로 핸드폰으로 대표 노래 감상

창작동네 시인선 197

꽃이 진다고 너를 어찌 잊으랴

인　쇄 : 초판인쇄 2025년 07월 15일
지은이 : 권오정
펴낸이 : 윤기영
편집장 : 정설연
펴낸곳 : 노트북 출판사_
등　록 : 제 305-2012-000048호
본　사 : 서울시 동대문구 사가정로 256-4호 나동 B101
전　화 : 02-831-5832 팩시밀리 02-844-5756
H　P : 010-8263-8233
이메일 : hdpoem55@hanmail.net
판　형 : 신한국판형 P112 130-210

2025. 7_꽃이 진다고 너를 어찌 잊으랴_권오정 제1집

정　가 : 10,000원

ISBN : 979-11-88856-99-2-03810

*저자와의 협의로 인지는 생략합니다.
*잘못된 책은 교환해 드립니다.

시집을 내면서

 시바다 도요(1919-2023) 생각이 났습니다
역경을 견디며 98세에 '약해지지마'시집을 내고 102세에 잠들며 일본 열도를 감동 시켰다고 합니다

 이에 용기를 얻어 정년퇴직 후 버킷 리스트 시조 공부로 새 출발을 했습니다

 늦깍이로 시집을 내어 두렵기도 조심스럽기도 합니다만 시 쓰고 다듬고 완성하는 과정이 즐겁고 행복했습니다

 도움 준 고 조영일 님, 김윤환 선생님과 안동 문우 님들, 현대시선 윤기영 선생님 감사드립니다

 이 저승에서도 기뻐할 혈육 지인들 모습이 떠오릅니다

 부족한 부분이 많아 더욱 노력하겠습니다

2025년 5월 권오정

목 차

1부. 달 가듯 구름 가듯

010...어머님 금반지
011...웬수라고
012...산마을 풍경화
013...알츠하이머 고개
014...장터 사람들
015...파크 골프
016...백발 엄마의 노래
017...여보게 친구
018...이팝꽃 피었는데
019...인생길
020...길떠나거든
021...그물에
022...종점 가는 길
023...설날 원경
024...밥 한번 먹자
025...독락당 관풍헌
026...한때 꽃이라
027...이불
028...큰 장이 선다
029...지름길이라
030...장례식장
031...알레그로 안단테
032...망향정 호수
033...추석 전야

2부. 나의 인생 나의 노래

036...정원 파티
037...안동 산방
038...철 들었나
039...매듭
040...부석사에서
041...바오밥
042...현충화
043...몽돌해변에서
044...자기야
045...보이스 피싱
046...네 이름
047...입춘
048...주목
049...소풍
050...순풍 경계령
051...세월 잘 간다
052...벚꽃놀이·1
053...벚꽃놀이·2
054...수저론
055...야생미생
056...미사
057...화중화
058...사랑방
059...서호 달밤

3부 생명은 아름다워라

062...내 인생
063...낯선 단어
064...수행
065...수부곡
066...안동호
067...인생보법
068...천지도 모르고
069...옛 분교
070...보물 찾기
071...절규
072...회상
073...일출
074...고해성사
075...묵언 보시
076...탕평송
077...위인들 메시지
078...고통받는 세상
079...능참봉
080...게임이야
081...관전기
082...노포에서
083...호주 오픈 테니스
084...기도
085...구피야

4부. 청춘은 사라져도 추억은 남아

088...동지 섣달 밤에
089...명당
090...주객들 어디 갔나
091...해운대 몰운대
092...난장 용궁
093...개자븐 약국
094...인연이 가는 길
095...복낙원은 어디에
096...오늘이 왔어요
097...소 대한 무렵
098...풍년이라고
099...야수
100...문안 인사
101...노목 개화
102...사하라 사막
103...새 달력
104...들꽃
105...돌담길
106...욕망화 필까
107...들자리
108...이웃사촌
109...연어의 길
110...내 고향 실개천
111...다이어트

1부. 달 가듯 구름 가듯

어머님 금반지

이승 밖
일이니
먼 산 본듯한 데

화석된
말씀들이
마음을 울립니다

다정한
어머니 사랑
금빛으로 남았소

웬수라고

요놈의 웬수라 쉽게들 말하지만
그 웬수 없으면 하늘이 무너진다
열효자
악처만 못해
그 말에 꼬리 내려

말년에 홀로서기 정말 장난 아니다
여우짓 잔소리에 칠랑팔랑 쏘다녀도
괜찮다
웬수면 어때
살아만 있어 주게

권오정

산마을 풍경화

주인장 집 비우고 청산은 마음 비워
임자 없는 산마을 노루 꿩 주인인가
흑 백묘 숨 죽인 산골
햇살 잔치 풍성해

복사꽃 진 자리에 초록 물결 춤추면
산새들 소풍 나와 옥구슬 굴리는 데
솔바람 산을 넘어 와
풍악소리 더 높다

봄이면 꽃 노래 가을이면 단풍잔치
철마다 향기롭고 행복은 덤이라오
오가는 계절 축제에
흥 절로 달아 올라

알츠하이머 고개

버리고 떠날 마당 파장에 장짐졌다
만사가 어눌하고 길 잃은 지 오래라
곱다던
누님 형수들
우화에 눈물진다

꽃다운 청춘 시절 맑고도 고왔는데
아름다운 추억들 바람에 날아가고
거울 속
저 사람 누구
길 잃은 사슴이라

*우화 羽化-사람이 몸에 날개가 돋아 신선이 되어 하늘로 올라간다는 말

권오정

장터 사람들

장터에 뿌리내려
살아가는 사람들

산전수전 넘으며
인정 사랑 심는다

난장판
장터 드라마
열연하며 찍는다

파크 골프

무지개 잡으려
세상을 떠돌다가

세파에 밀려 밀려
낮은 곳에 터 잡아

청춘의
마지막 노래
초원에서 부른다

권오정

백발 엄마의 노래

백발인 어머니 '고향의 봄' 노래한다
시집 간지 반세기 고향 생각 나시는가
고목은
낡고 삭아도
내 어찌 잊으리오

주름진 어머니 '오빠생각' 노래 불러
육 칠십 지나도 친정 식구 못 잊는다
그 옛날
멜로디 타고
고향 하늘 날지요

옛 노래 부르니 그 시절이 살아난다
물장구 소꿉놀이 고향은 안녕한가
그립다
고향 뜬 식구
하나둘 스쳐 간다

여보게 친구

저마다 인생길에
비바람만 불던가

묵사발에 맘 쫄고
꽃 필 때도 있었지

호불호
소주잔 놓고
입 한 번 열어 보세

권오정

이팝꽃 피었는데

대표 노래

춘궁기 보릿고개 아득한 천리 먼 길
배 거죽 등에 붙어 헛것이 보였는데
이팝꽃 눈물 원한꽃 아는 사람 몇일까

먹을 게 넘쳐나서 귀한 줄 모르고나
밥맛이 있네 없네 타박하는 철부지
허깨비 눈에 오가던 그 때 어찌 알겠소

가난이 죄이라서 인간 노릇 못 하고
봄날이 오가는 줄 모르고 살던 그때
이팝꽃 환하게 피어 잊지 말라 알린다

인생길

인생길 수천수만
갈래길 위에서

나는야 내 길로
소처럼 걸어간다

잘 간다
못 간단 말씀
실없이 하지 마소

이 길 저 길 걸으며
길동무도 많은 데

귀동냥 눈동냥
성현 말씀 못지않아

까막눈
멘토 없어도
더듬더듬 간다오

-멘토 mentor - 조언자,안내자,도움이

권오정

길 떠나거든

뜬구름 흐르는 물
가는 길 원래 없듯

누구도 너의 고향
묻지를 아니하지

둥지를
떠난 새처럼
돌아보지 마세요

그물에

나무에 안 걸린
바람같이 살고파

인연에 안 걸린
이슬같이 살고파

세상의
그물을 넘어
자유 비행하고파

권오정

종점 가는 길

말을 타나 가마를 타나 종점은 같다오
막히면 돌아가고 힘들면 쉬어 가세
잔머리
그만 굴리고
하차 준비 잘 하소

시작이 있으면 반드시 끝이 있지
영원한 길 영원 시간 세상에 없다
종점은
멀지 않으니
복된 여행 꼭 하소

설날 원경

조용한 시골 장터
설 밑에 북적인다

손마다 선물 들고
발걸음 가벼웠지

장보기
분주한 그 날
그때가 그립다오

코앞이 설날이라
먹거리 준비하고

적막하던 절간에
온기가 살짝 돈다

혈육들
마당 윷 한 판
얼굴도 익혔는데

권오정

밥 한번 먹자

다음에 우리 밥 한번 먹자 다음에
그래 그랬는데 또 해를 넘겼구나
뭐 그리
큰일 한다고
말 잔치 풍년일세

나중에 전화 한 번 할 게 나중에
그래그래 쉽게도 손가락 걸었는데
그 약속
바람이던가
살아 밥 먹으려나

독락당 관풍헌

찾는 이 없다고 서러워하지 마소
낮엔 해 오고 밤엔 달 오지 않소

강변에 독락당 짓고
해 달 벗해 산다오

오가는 이 없다고 슬퍼하지 말아라
낮엔 바람 오고 밤엔 별들 오더라

강둑에
관풍헌 짓고
별 바람 벗해 산다오

- 독락당 獨樂堂 觀風軒

권오정

한때 꽃이라

꽃 같이 살고파서
뜰에 꽃을 키운다

한때 꽃 아닌 사람
세상 어디 있던가

성장통
없는 꽃 봤소
견뎌야 꽃 피나니

꽃 키우며 한 수
또 한 수에 가슴 친다

저 잘나 꽃이던가
하늘 땅이 도왔지

챙겨라
꽃 보려거든
맑은 눈 준비하소

이불

동짓달 긴 긴밤
엄마와 덮던 이불

숨겨진 비밀을
이불은 알고 있다

사랑해
따뜻한 말씀
그 손길 생각나요

유전자 어딜가나
숨길 수 없다나요

마음 이불 가지고
꿈에도 아이 찾아

집 떠난
우리 아이들
이불 덮고 자는지

권오정

큰 장이 선다

큰 장이 선단다
큰 판이 또 선단다

몸이 근질근질
피가 슬슬 끓는다

선수들
몸 푼다고 난리
개꿈을 꾸고 있다

장터 건달 신났다
장돌뱅이 신났다

밑져야 본전인데
또 한판 벌여볼까

전투에
자비는 없다
갈 길 뻔히 보인다

지름길이라

희망 사항 기대치 높고 많은 인생사
살아보면 다 안다 신의 한 수 없는걸
조심해
인생 지름길
세상에 없습니다

막다른 골목에 지푸라기 잡고 싶어
여기저기 기대고 손 모아 기도해도
어렵소
삶의 지름길
이승엔 없습니다

권오정

장례식장

사는 것
부질없고
흉허물 쓸데없다

고해소
눈물바다
후회 한숨 넘친다

요단강
건너는 길손
쉴 낙원 어디인가

- 고해소 告解所 고해성사 때, 세례받은 신자가
지은 죄를 신부에게 고백하는 곳

알레그로 안단테

슬픔이여 아픔이여
알레그로로 가거라

사랑이여 행복이여
안단테로 흘러라

심포니
우리 인생사
아름답게 흘러라

- Allegro 빠르게
  Andante 느리게
  심포니 ; 소리의 조화

권오정

망향정 호수

망향정 바라보며 호수를 따라간다
물고기 오가는 고향마을 눈에 선해
실향민
애간장 녹아
눈물 호수 되었다

망향정 올라서서 고향 하늘 날아간다
아이 어른 누나 동생 놀다가 해 저물어
집 떠난
고향 사람들
뿌리나 내렸는지

집 떠난
고향 사람들
꽃이나 피웠는지

추석 전야

더도 덜도 말고 오늘같이 좋은 날
떠나신 우리님 또다시 아니 오고
술 한 잔
나눌 이 없어
둥근 달 불렀소

사방을 둘러 봐도 산 사람 다 왔는데
가슴에 맺혀있는 가신 님 못 오시어
빛바랜
사연 꺼내어
선문답하고 있소

추석 전야 올 사람 아들 하나 빠졌네
'아들아 내 아들아 너는 왜 못 오느냐'
애절한
어머님 통곡
하늘도 울었다오

권오정

2부. 나의 인생 나의 노래

정원 파티

의자 찾지 마라
돌엔들 못 앉으랴

전등 켜지 말아라
보름달 솟을 텐데

술 한 상
친구들 있어
부러울 게 없나니

문 열어 두어라
어제 진 달 밝아 온다

돌고 도는 인생길
쉬엄쉬엄 쉬어 가세

권주가
한 자락 뽑아
그리움 달래 보자

안동 산방

세상을 돌고 돌아 안동에 뿌리내려
추로 지향 터 잡고 안동 팔경 빼어나
세상사
내려놓고
욕심 없이 삽니다

양반 선비 선구자 유학을 숭상하고
구국에 깃발 높여 이 나라 구했으니
삼태사
퇴계 서애님
유업을 이어 간다

눈 뜨면 기름진 땅, 물새 산새 노래해
반변천 독락당에 정다운 이웃 있고
오늘도
달 별 오가니
이만하면 족하오

권오정

철들었나

이누마야
그래 갖고
언제 철 들라카노

엄마
난 철없이
이대로 살라칸다

아이고
팔자야 했지
내 팔자 보러 오소

매듭

아무것도
모른채
원죄 안고 태어나

매듭
한 올 한 올
눈물로 풀고 엮어

재탄생
또 하나 걸작
대청에 걸렸구나

권오정

부석사에서

부석사 부석 타고
법계를 날아 보면

하루살이 미물들
무량수 원을 본다

부처님
말씀 붙들고
살아 성불하소서

부석사 부석 타고
속계를 날아 보면

속인들 불타는
세속 삼욕 본다오

불법승
꼬리 붙들고
살아 성불하소서

바오밥

백년도 어려운데
천년을 꿈꾼다고

바오밥 앞에 서면
하루살이 인생인 데

바오밥
생사 갈림 길
수 없이 넘었다오

타고 난 장수 인자
버리지 못하고

자연의 무한도전
적자생존 견디며

바오밥
어린 왕자들
마다카스카르 지킨다

권오정

현충화

뼈마다 박힌 가시
찔레꽃 또 피어

현충원 밝히고
한반도 지키는데

기억은 희미해져도
별빛 더 반짝인다

꽃 필 때도 아프고
꽃 질 때도 아프다

청춘은 눈을 감고
비석들 사열한다

무용담
전설이 되고
현충화로 피었다

몽돌 해변에서

이생을
다 할 때 쯤
몽돌이 될건가

나 아직
피는 끓고
결은 덜 삭았나 봐

그 얼마
담금질해야
몽돌 될 수 있으랴

권오정

자기야

달면 삼키고
쓰면 뱉는 마당에

아옹다옹
칠순 넘긴 백발 잉꼬라

자기야
당신만 한 벗
이 세상에 없더라

목청 높이고
낮추길 얼마였소

이 빠져 눈 침침
소리 잘 안들려도

자기야
다 부질없어
떠날 준비 잘하자

보이스 피싱

大항해 시대 아니고 大사기시대다
그놈 목소리는 폰 타고 자주 온다
호들갑 떨지 말고
차근히 따져 보소

무엇이 이쁘다고 노인께 전화할이누마야까
혈육도 믿지 말고 메시지 믿지 마소
팔랑귀
집 다 태울라
만만디 실천하소

- 만만디 /천천히 느리게, 중국어, 慢慢的

권오정

네 이름

혼자 지고
가기엔
무거운 쇠덩이라

못 보낼
이름 몇 개
가슴에 묻고 산다

고철로
팔 수도 없어
업인양 안고 간다

입춘

매화꽃
봄을 불러
산하에 입춘 오고

입춘다경
좋다만
입춘무고 기대해

올해도
다 무탈하게
소망 이루시기를

-다경多慶, 무고無苦

권오정

주목朱木

죽어야
부활하는
자연의 이치를

살아 천 년
죽어 천 년
주목은 안다

몰랐던
주목의 외침
뒤늦게 깨우친다

소풍

이래 살면
어떻고
저래 살면 어떤가

책
열 권 보다
여행 한 번 낫단다

풍경구
돌아보듯이
속 편한 소풍이길

권오정

순풍 경계령

강물이
흘러가듯
사계절 지나가듯

순리 따라
가면
시스템 잘 돌아 가

콧노래
절로 난다만
역풍 불라 조심혀

세월 잘 간다

아모르 파티
영원할 줄 알았는데

깜짝새 칠순 넘겨
뜨거운 감자로다

괜찮다
별 달 따면서
즐겨즐겨 산다오

청엽이 단풍되고
낙엽되는 것을

그마저 잊고 살다
된서리 맞았구나

걱정 마
함께 가는 길
그대 있어 다행이오

권오정

벚꽃놀이·1

꽃 재롱
군무에
어지러워 미치것다

큰 애기
살 내놓고
콧노래 불러댄다

꽃 멀미
대책 없는 봄
명작에 꼭지 돈다

벚꽃놀이·2

재갈을
물려도
봄바람 산을 넘고

풋밭에
팝콘 다발
부활의 초롱 달아

아무리
꽃 핀다 한 들
님 없으면 꽝이오

권오정

수저론

흙수저
금수저로
논쟁이 뜨거운데

손수저로
살아온
친구들 흔해요

아쉽다
용나던 개천
다시 한번 봤으면

야생미생

하이에나
들끓는데
토끼야 어찌하리

굶주린
야수들
순진 토끼 그냥 두리

온실서
곱게 자란 몸
지켜 갈 수 있으랴

권오정

미사

오늘
무슨 복음으로
영혼을 적시려나

더러운
영 떼내고
생명의 길 걸어라

다시는
흔들림 없이
영생의 길로 가자

화중화 花中花

짐승도 눈길 가는
쉴 곳이 있듯이

사람도 마음 가는
꽃들 있다는 데

꽃다움
간직한 생명
세상 가득했으면

권오정

사랑방

아궁이에
군불 때면
뜨거운 아랫목

달 뜨는 밤이면
이웃사촌
모여든다

사랑방
따뜻한 모습
어디서 만날까나

서호 달밤

어둠이
짙어지면
보름달 물에 띄워

동파 두보
불러와
서호 야유 읊다가

분위기
달아오르면
달밤 뱃놀이 어때

권오정

3부. 생명은 아름다워라

내 인생

바람같이 왔다가
연기처럼 사라질

희로애락
생로병사
풀지 못할 인간사

언젠가
잊혀질 노래
후회 없이 부르자

낯선 단어

도시화
인구절벽
지방소멸 낯선 말

세월 탓
세상 탓
허허참참 어리둥절

날벼락
저출산 빈집
검은 구름 몰려와

권오정

수행

독락당에
무문관 짓고
산중에 산다

춥고 외로워도
용맹정진 잊지 말라

부귀는
저 하늘 구름
바람 타고 날아가

수부곡

'고개 숙이면
부딪칠 일 하나 없고'

'고운 말 한마디
자다가도 떡 생겨'

사람들
다 아는 속담
행하는 자 몇인고

首 머리 수, 구부릴 부 , 曲-고고 악곡의 준말

권오정

안동호

낙동강물 모아모아
안동호 빛난다

수만 평 캔버스에
해달별 수 놓고

와룡산
잠든 호반에
하늘도 쉬어 간다

인생보법

희비 쌍곡선 없는
인생 있던가

흔들리지 않는 삶
어디 있던가

풍랑 없는 바다
세상 어디 있던가

사는 거 모두 다
거기서 거기라

장애물
디딤돌 삼아
화양연화 이루길

* 화양연화 - 인생에서 가장 아름답고 행복한 시간

권오정

천지도 모르고

천지도 모르고
이 세상 왔다가

천지도 모르고
이리저리 뛰다가

아뿔사
혼자 쓸쓸히
북망산 찾아간다

옛 분교

풍금 소리 잠든 분교
묵언 수행 중인데

학교종 운동장
주인 잃은 고아다

까르르
해맑던 웃음
전설로 남았구나

권오정

보물찾기

뒷담화 무거운
이야기 이제 그만

가볍고 속 시원한
새 노래 불러 보자

보물들
세상에 가득
찾아야 내 것이라

절규

절벽 앞
낭떠러지
선무당 칼 잡아

자비
기대 말아라
사느냐 죽느냐다

외치는
뭉크의 절규
듣는 이 누구일까

권오정

회상

족친들
사랑 먹고
온실에 살았는데

황혼길
욕심 하나
영육 건강 빌면서

사는 게
행복이라서
천지께 감사하오

일출

어제
눈 감은 이가
기다린 오늘인데

또 하루
선물 받아
흥부 대박 터졌다

구원자
찾아 왔으니
희망 또 걸어 본다

권오정

고해성사

쇳덩이
몇 개 안고
고해소 들어서면

지은 죄
용서 받아
새처럼 가벼워져

큰 울림
흔들린 영혼
정신 번쩍 들었소

묵언 보시

거북이 손등으로 먹거리 구하시고
새우등 굽히고서 식구들 먹여 살려
평생을
묵언 보시해
무슨 할 말 있겠소

사문진 강변 지나 낭군님 따라올 때
물봉숭 새색시 적 고운 꿈 꾸었는데
돌아갈
친정 사라져
이 깨물고 수행해

세월을 원망하랴 사람을 탓할 건가
중년에 홀어머니 오남매 부양하며
모질게
살아온 날들
말없이 행하였소

권오정

탕평송

춘풍이면 어떻고
추풍이면 어떤가

버리고
떠날 마당
가려서 어따쓰리

친소에
기울지 말고
더불어 즐겨 보세

위인들 메시지

나폴레옹 히틀러 흥망성쇠 보았고
헤밍웨이 가우디의 영화榮華도 보았다
알지요
말할 일 없어
업적이 대변하지

칭기즈칸 모택동의 야망도 보았고
솔로몬 공자의 빛난 지혜도 보았다
유명한
위인보다는
인간성이 먼저라

권오정

고통받는 세상

여기저기 안 아픈 곳 세상에 없다
빙하의 피눈물 아우성 들려 온다
섬나라
이유 모르고
수장되고 있다

천지 바다 오염되 중증 환자 널렸다
생명들 살 터전 망친 범인 누구인가
세상을
위로해 본다
첼리스트 테츨라프가

자연은 후손에게 빌려와 쓴다는 데
인간 욕망 줄여야 자연이 살아난다
보물들
사라지기 전
보존해 물려 주자

능참봉

닭 벼슬 보다 못한
중 벼슬이라는 데

환갑에
능참봉이라
안하무인 꼴 보소

맙소사
민심 역주행
또 한 사람 베렸네

권오정

게임이야

세상사
게임 아닌 게
어디 하나 있던가

애증의
인간관계
초목 성장 다 글치

이기면
달달한 인생
지면 떫고 쓴맛이지

관전기

강 건너
쩐의 전쟁
권력투쟁 구경하니

아귀다툼
아전인수로
하루해가 저문다

이 세상
총 없는 전쟁
언제쯤 끝나리까

권오정

노포 老鋪 에서

왜 그래
선수끼리
서로 잘 알면서

오랜 노포 선수들
논쟁이 뜨거운데

청춘들
그 맛 몰라도
노포는 이어간다

호주 오픈 테니스

월드 스타 페더러 나달 기억나요
한 시절 별중의 별 왕중왕이었는 데
영원한
고수 없는걸
게임에서 보았다

각본 없는 드라마 엎치락 뒤치락해
살얼음판 프로들 긴장도 최고치라
갑자기
야수 나타나
트로피 훔쳐갈라

쟁쟁한 스타들 칼 갈고 이 깨물었다
들으나 봤나 뉴 스타 시너 키이즈
호주전
핵무장 출격
관전 재미 쏠쏠해

권오정

기도

대웅전
성당에서
골백번 기도한들

속세에
예수 부처
만난만 못한 데

코앞에
성인 못 보고
소원만 빌더이다

구피야

안녕 구피야
바나나 시클리드

갇혀
사는 신세
쇼룸과 뭐 다르리

코가 뻥
가슴 뻥 뚫리게
수다 떨기 그립지

권오정

4부. 청춘은 사라져도 추억은 남아

동지섣달 밤에

동지섣달
긴 긴밤
자다깨도 한밤 중

일없이
뒹굴뒹굴
모래성 쌓다가 지워

때 맞춘
기러기 소리
날 새는 줄 몰랐소

명당

한반도
명당일레
안동 땅 낙원일세

이태백
불러와
안동호 배 띄우고

얼씨구
풍악 울리며
한 시절 놀아 보세

권오정

주객들 어디 갔나

해 달 가니 주객들 이래저래 사라져
술잔 나눌 지인들 가뭄에 콩나듯 해
누구랑
술잔 나누며
남은 세월 보낼까

촘촘하던 인연들 황혼에 헐거워져
무시로 삐뺏내로 찬바람 일어난다
혼자서
찍는 드라마
흥이 나질 않는다

묵은 이 빠진 자리 틀이라도 해 넣고
흰머리 염색하고 꽃단장 곱게하자
사임당
몇 장 흔들며
주빈들 불러볼까

오고가는 인연들 붙잡을 수 없으니
내가 먼저 변해야 세상이 변한단다
나이는
별 의미 없다
끼리끼리 모이세

해운대 몰운대

해운대 해돋이에
몰운대 해넘이라

날마다 우주쇼라
못 본이 서러워라

오가는
세월을 보며
마음 한 켠 찡하다

권오정

난장 용궁

용궁에 완장 찬 님 난장판 구경했소
안 본게 백번 낫고 마음에 두지 마소
님 보다
다 똑똑하니
관전하며 즐기소

용궁 대하드라마 숨 막히는 혈투라
역사는 반복이라 아귀다툼 볼만해
어두漁頭에
고깔 써 본들
웃음꺼리 아닌겨

개자븐 약국

꼬마 병원 뒷골목
개자븐 약국에는

탈색 면허 백발 약사
달팽이 걸음에

약 팔다
트롯 한 곡조
덤으로 준다오

철없이 설치던 때
도파민 잠 재우고

약 팔다 사랑 팔다
청춘 약사 황혼길

그만 혀
돈 나만 쓰나
잘 알면서 저런다

-개자븐 /'가까운' 경상도 사투리

권오정

인연이 가는 길

스쳐 스쳐
가는 게
어디 바람뿐이랴

흘러 흘러
가는 게
어디 강물뿐이랴

인연도
제 갈 길 가니
그리움만 남는다

복낙원은 어디에

조물주 만든 지구 행복한 낙원인데
악마들 욕심 늘어 무너지기 시작해
전쟁과
자연 재해로
가속도 더해진다

아름다운 별나라 그 누가 구해낼까
고통받는 지구를 그 누가 위로할까
공범들
가면 벗고서
초심에 충실해야

만년설 빙하 녹아 설산이 드러나고
해수면 기온 상승에 땅이 가라 앉아
손 놓고
있을 때 아냐
발 벗고 나서야지

권오정

오늘이 왔어요

모든 어제는
주님따라 석화되고

오늘, 사랑 자비로
새날을 만드소서

어둠 속
빛과 소금되면
내일이 복되리라

이 세상 바람같이
이슬같이 사라진다

말씀따라 사시고
성인따라 행하라

오늘에
충실하시고
내일은 주께 맡겨라

소 대한 무렵

소 대한 강추위에
서릿발 잔뜩섰다

하늘 땅 분노 넘쳐
핏발 선 눈동자다

폭설은
언 땅에 쌓여
갈 길을 잃어버려

순리대로 흐르면
누가 뭐라 혀 델까

뛰는 놈 태클 걸고
나는 놈 날개 잡고

아무리
패악 부려도
봄, 조용히 오나니

권오정

풍년이라고

풍년이 반갑잖아
쌀값이 비지값

풍수해 개고생
물거품 되는가

나라님
답 좀 주시오
죽을까요 살까요

나라님 말씀은
늘 속 빈 강정이라

말 풍년 공약 풍년에
농민만 속탄다

빛 좋은
개살구라고
올해도 또 속았다

보소보소 농군들
이래서는 안되겠다

녹두장군 어딜 갔나
스트라이커 어떤가

트렉터
드론 앞 세워
가자 서울 서울로

야수

내 속의 한 구석엔
야수 몇 숨어 있어

때 좋으면 탈 없고
넘치면 감당 못 해

어둠 속
악마의 씨앗
짓밟으며 살아가

때로는 내가 나를
통제 못 할 때 있어

눈 어둡고 귀먹고
우물에 있을 때라

탈옥해
햇빛을 보자
야성을 버리고서

권오정

문안 인사

코로나 핑계로
오솔길 녹 쓸었고

네 얼굴 잊혀질까
목마름 더해 간다

살날도
얼마 없는 데
이별 연습 중인가

굿모닝, 사와다캅
인샬라, 나마스테

나라마다 인사말
서로서로 달라도

반갑다
평화의 축복
오늘도 안녕하길

노목 개화

아직은 맘이 청춘
입맛도 살았다고

니 마음 모를까 봐
니 속내 모를까 봐

고목에
꽃 피었다고
청춘인 줄 아느뇨

권오정

사하라 사막

사하라
사막에도
해 달은 뜨고 지고

모래바람
불어도
이슬꽃 피고 진다

인샬라
배두인, 낙타
아직 살아 숨 쉰다

새 달력

묵은 달력 대소사
새 달력에 옮기면

조상님 기제사에
정든 얼굴 겹친다

집안에
어른들 없어
만사가 조심스러

내 떠나면 집안
대소사 누가 적지

내려 오던 가풍에
빨간불 켜졌는 데

후손들
제 코가 석자
신경 쓸 여유 없어

권오정

들꽃

봄바람에
살랑살랑
비바람에 흔들흔들

가을볕에
여물고
눈보라에 맞서며

끈질긴
명줄 이어 가
아픔 속 꽃 피운다

돌담길

돌담 돌 사이사이
바람 들락이듯

내 마음 돌담길
그대 들락날락해

내 품에
편히 쉬면서
마음껏 춤추거라

헐렁한 삼베 바지
방귀 쑤욱 빠지듯

끈끈한 인연도
사라지는 마당에

쉼 없이
들락이는 그대
옆에 있어 행복해

권오정

욕망화花 필까

속에 묵힌 욕망 덩이
꿈틀 꿈틀거려도

용기 없어 용만 쓰지
세상 구경 못 시켜

세상에
드러내 놓을
그날 곧 찾아오리

남들은 쉽게 쉽게
욕망도 이룬다만

운이 없나 머리가
안되나 왜 이러지

문턱만
넘으면 된다
젖 먹던 힘을 쏟자

들자리

새들도 나뭇가지

가려가려 앉는데

사람도 누울 자리

펼 자리 살펴야지

들자리

날자리 몰라

바보 되기 쉽지요

권오정

이웃사촌

고향 떠난 오십 년 무정한 세월 흘러
손전화 온라인에 오솔길 텄다만
어떡해
부모 떠난 후
고아가 되었구려

고향 떠난 이방인 풀칠한다 고생했소
성가정 이루면서 뿌리내려 터 잡기
살림에
몰빵하느라
한 세월 다 갔구려

타임머신 타고 와 옛 기억 더듬는데
흐릿한 기억 속 고향 추억 새롭구나
저무는
마지막 찬스
복되게 잘 쓰시오

연어의 길

어미 뜻 따라
개울에서 세상 만나

가자가자 대장정
태평양 바다로

여행길
설레임 보다
두려움이 커다오

세상 구경 원 없이
마음껏 꿈을 펴라

내일은 나도 몰라
잘 먹고 잘 자라라

예기치
못할 복병들
방심은 금물이라

'달도 차면 기운다'
'수구초심' 잃지마

천리만리 고향길
중도 포기 없나니

대 이은
회귀 산란에
부활 이어 가나니

권오정

내 고향 실개천

실개천엔
물놀이 하는 애가 없다

첨벙첨벙 물소리
웃음소리 사라져

모두들
어디로 갔나
알면서 왜 묻는겨

실개천 아낙 소리
빨래 방망이질

전설 속 이야긴가
반세기 만에 사라져

산업화
도시화 좋다만
잃는 것도 있구려

다이어트

통통배 혈액수치
무서운 줄 몰라

약인지 독인지도
모르고 먹고 마셔

살빼기
쉬운 일 아냐
늦게야 땅을 친다

피 같은 돈 헬스장
병원비로 나간다

친구들 도움 말
관심 하나 없더니

어쩌랴
선배들 간 길
따라따라 가거라

권오정

창작동네 시인선 197

꽃이 진다고 너를 어찌 잊으랴

인　쇄 : 초판인쇄 2025년 07월 15일
지은이 : 권오정
펴낸이 : 윤기영
편집장 : 정설연
펴낸곳 : 노트북 출판사_
등　록 : 제 305-2012-000048호
본　사 : 서울시 동대문구 사가정로 256-4호 나동 B101
전　화 : 02-831-5832 팩시밀리 02-844-5756
H　P : 010-8263-8233
이메일 : hdpoem55@hanmail.net
판　형 : 신한국판형 P112 130-210

2025. 7_꽃이 진다고 너를 어찌 잊으랴_권오정 제1집

정　가 : 10,000원

ISBN : 979-11-88856-99-2-03810

*저자와의 협의로 인지는 생략합니다.
*잘못된 책은 교환해 드립니다.